W9-AAL-168

DINOSAURIOS CORNUDOS

POR **"DINO" DON LESSEM**
ILUSTRACIONES POR **JOHN BINDON**

EDICIONES LERNER / MINNEAPOLIS

Para el profesor John McIntosh, un pionero en el estudio de los dinosaurios gigantes

Traducción al español: copyright © 2006 por ediciones Lerner
Título original: *Horned Dinosaurs*
Texto: copyright © 2005 por Dino Don, Inc.
Ilustraciones: copyright © 2005 por John Bindon

Fotografías cortesía de: © Museo Royal Tyrrell/Desarrollo Comunitario de Alberta, pág. 27; © Denis Finnin, Museo Estadounidense de Historia Natural, pág. 29.

La edición en español fue realizada por un equipo de traductores nativos de español de translations.com, empresa mundial dedicada a la traducción.

ediciones Lerner
Una división de Lerner Publishing Group
241 First Avenue North
Minneapolis, MN 55401 EUA

Dirección de Internet: www.lernerbooks.com

Library of Congress Cataloging-in-Publication-Data

Lessem, Don.
    (Horned dinosaurs. Spanish)
    Dinosaurios cornudos / por "Dino" Don Lessem ; ilustraciones por John Bindon.
        p.   cm. — (Conoce a los dinosaurios)
    Includes index.
    ISBN-13: 978-0-8225-2966-8 (lib. bdg. : alk. paper)
    ISBN-10: 0-8225-2966-1 (pbk. : alk. paper)
    1. Ceratopsidae—Juvenile literature. I. Bindon, John, ill. II. Title.
QE862.O65L4918 2006
567.915—dc22   2005008944

Fabricado en los Estados Unidos de América
1 2 3 4 5 6 - DP - 11 10 09 08 07 06

CONTENIDO

CONOCE A LOS DINOSAURIOS CORNUDOS

¡BIENVENIDOS, FANÁTICOS DE LOS DINOSAURIOS!

Me llaman "Dino" Don porque me encantan todos los tipos de dinosaurios. Tal vez ya conozcas algunos dinosaurios cornudos, como el *Triceratops*. Pero ¿qué sabes del *Torosaurus* o *Styracosaurus*? Éstos son algunos datos sobre los dinosaurios cornudos más sorprendentes. Espero que te diviertas conociéndolos a todos.

CENTROSAURUS
Significado del nombre: "lagarto puntiagudo"
Longitud: 17 pies (5 metros)
Hogar: noroeste de Norteamérica
Época: hace 72 millones de años

PENTACERATOPS
Significado del nombre: "cara con cinco cuernos"
Longitud: 28 pies (8.5 metros)
Hogar: suroeste de Norteamérica
Época: hace 70 millones de años

PROTOCERATOPS

Significado del nombre: "primera cara con cuernos"
Longitud: 8 pies (2 metros)
Hogar: este de Asia
Época: hace 80 millones de años

STYRACOSAURUS

Significado del nombre: "lagarto con púas en forma de lanza"
Longitud: 18 pies (5.5 metros)
Hogar: oeste de Norteamérica
Época: hace 73 millones de años

TOROSAURUS

Significado del nombre: "lagarto perforado"
Longitud: por lo menos 25 pies (7.6 metros)
Hogar: oeste de Norteamérica
Época: hace 68 millones de años

TRICERATOPS

Significado del nombre: "cara con tres cuernos"
Longitud: 29 pies (9 metros)
Hogar: oeste de Norteamérica
Época: hace 65 millones de años

¿QUÉ SON LOS DINOSAURIOS CORNUDOS?

¡GOLPES! ¡CHIRRIDOS! Los ruidos retumban por el bosque. Dos *Styracosaurus* machos pelean. Cada uno de estos dinosaurios cornudos tenía el tamaño de un camión de helados. Los cuernos se entrelazan y chocan las enormes cabezas.

Los *Styracosaurus* no están tratando de matarse. Luchan para lucirse ante una hembra. Pronto uno retrocederá y el otro será el ganador.

LA ÉPOCA DE LOS DINOSAURIOS CORNUDOS

Protoceratops

Centrosaurus

Hace 80 millones
de años

Hace 72 millones
de años

El *Styracosaurus* y otros dinosaurios vivieron sobre la tierra hace millones de años. Los científicos solían pensar que los dinosaurios eran reptiles. Algunos dinosaurios tenían piel escamosa, como las lagartijas y otros reptiles. Sin embargo, los dinosaurios no eran reptiles. Las aves son parientes más cercanos de los dinosaurios que los reptiles.

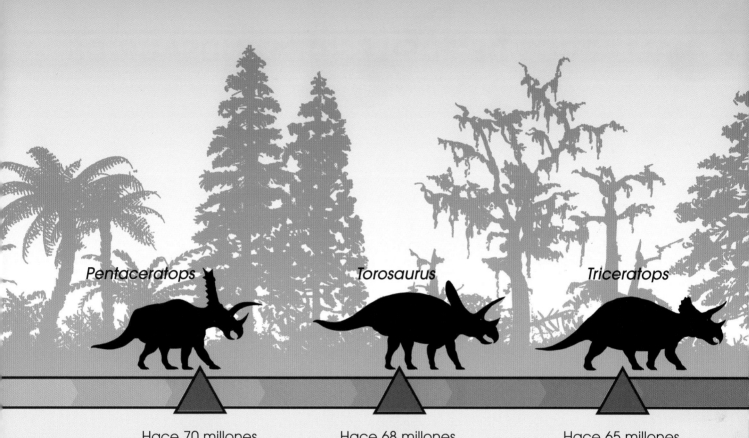

Pentaceratops

Torosaurus

Triceratops

Hace 70 millones
de años

Hace 68 millones
de años

Hace 65 millones
de años

Muchos tipos de dinosaurios tenían cuernos
pequeños. Pero el grupo al que llamamos
dinosaurios cornudos tenía los cuernos más
grandes de todos. Estos dinosaurios eran
herbívoros, es decir, animales que comen
plantas. Los dinosaurios cornudos comían
con un pico de hueso llamado **rostral.**

HALLAZGOS DE FÓSILES DE DINOSAURIOS

Los números en el mapa de la página 11 indican algunos de los lugares donde se han encontrado fósiles de los dinosaurios que aparecen en este libro. En esta página puedes ver los nombres y las siluetas de los dinosaurios que corresponden a los números en el mapa.

1. Centrosaurus

2. Pentaceratops

3. Protoceratops

4. Styracosaurus

5. Torosaurus

6. Triceratops

Conocemos a los dinosaurios cornudos por los rastros que dejaron, llamados **fósiles.** Los huesos y las huellas ayudan a los científicos a comprender cómo era la constitución física de los dinosaurios cornudos. Sin embargo, los fósiles no nos pueden decir de qué color eran los dinosaurios ni qué aspecto tenía su piel.

Los dinosaurios vivieron en muchas partes
del mundo, pero sólo se han encontrado
fósiles de dinosaurios cornudos en
Norteamérica y Asia. Por lo que sabemos,
los dinosaurios cornudos únicamente
vivieron en esos lugares.

CUERNOS Y GOLAS

¡Atrás, *Tyrannosaurus rex!* El *Triceratops* es el dinosaurio cornudo más grande. ¡Es casi tan largo como un autobús escolar! Esta bestia luce sus cuernos para ahuyentar al hambriento *T. rex*.

Los filosos cuernos del *Triceratops* eran más
largos que una espada. Probablemente eran
demasiado delgados para causarle daño a
un *T. rex*. Pero pudieron servir para ahuyentar
a los **depredadores,** animales que cazan a
otros animales para obtener alimento.

¡Mira esa enorme gola en el cuello! Esta cresta de hueso crecía en la parte trasera del cráneo de los dinosaurios cornudos. La gola de este *Pentaceratops* macho está cubierta de bultos y cuernos. La sacude para que la hembra la admire y lo elija como pareja.

Es posible que una gruesa gola de hueso protegiera a los dinosaurios de los ataques, aunque quizá era más útil para atraer a la pareja. La gola y la cabeza estaban cubiertas de un material similar al del pico de las aves. Es posible que hayan sido de colores brillantes, como el pico de algunas aves.

Dos *Torosaurus* sacuden sus enormes
cabezas hacia adelante y hacia atrás,
tratando de ahuyentarse. Los dos quieren
convertirse en el líder de la **manada,** un
grupo de dinosaurios que viven y viajan
juntos.

Es posible que el *Torosaurus* haya sido más grande que el *Triceratops*. Los científicos no han encontrado ningún esqueleto de *Torosaurus* completo. Sin embargo, sabemos que el cráneo era tan largo como un tigre. ¡Eso lo convierte en el animal terrestre con el cráneo más grande que ha existido!

CRECIMIENTO

Estas crías de *Triceratops* acaban de salir de los huevos. Los padres llevan plantas trituradas al nido. Los adultos escupían este alimento blando en las bocas de las crías.

Los científicos no han encontrado fósiles de crías de dinosaurios cornudos en un nido. Es probable que todos los dinosaurios hayan nacido de huevos, como las aves. Tal vez las crías también eran alimentadas en el nido.

Los jóvenes *Triceratops* se unen a la
manada en cuanto crecen lo suficiente
para caminar. La manada busca hierbas y
otras plantas que crecen cerca del suelo.
Los dinosaurios cortan el alimento con
pequeños dientes y un rostral filoso con
forma de pico.

A medida que pasa el tiempo, crecen los cuernos de los jóvenes *Triceratops*. Es probable que los machos tuvieran cuernos más grandes que las hembras, pues los necesitaban para atraer a sus parejas.

Un día, un par de feroces *Albertosaurus* ataca
a la manada. Los *Triceratops* adultos forman
un círculo, con sus enormes cabezas mirando
hacia fuera. Los depredadores caminan a su
alrededor, buscando un lugar seguro para
atacar. Finalmente, se rinden. La manada
reanuda su marcha.

¿Los dinosaurios cornudos realmente formaban círculos para proteger a la manada? No lo sabemos con certeza. Algunos animales actuales lo hacen.

DESCUBRIMIENTOS SOBRE LOS DINOSAURIOS CORNUDOS

En 1923, los científicos encontraron un nido con fósiles de huevos de dinosaurio. Estaba cerca de los huesos de varios *Protoceratops*. Por lo tanto, los científicos pensaron que eran huevos de *Protoceratops*. El fósil de otro dinosaurio yacía cerca. ¿Estaba atacando al nido? Los científicos lo llamaron *Oviraptor*. Este nombre significa "ladrón de huevos".

Años después, se encontraron huesos de un *Oviraptor* sobre otro nido fósil. Los huevos tenían el mismo aspecto que los del primer nido. Uno de ellos contenía el fósil de una cría de *Oviraptor*. El *Oviraptor* anterior no estaba robando los huevos de los dinosaurios cornudos, después de todo. ¡Estaba protegiendo su propio nido!

Los fósiles también nos han enseñado cómo murieron estos dinosaurios. Esta manada de *Centrosaurus* estaba cruzando un río cuando las lluvias provocaron una inundación. Los dinosaurios se aterrorizaron. Algunos se ahogaron. Otros fueron aplastados en el apuro por llegar a tierra seca.

¿Cómo sabemos que ocurrió este desastre?
Los científicos encontraron cientos de
fósiles de *Centrosaurus* enterrados en rocas
en el oeste de Canadá. Las rocas estaban
hechas del tipo de arena que se encuentra
en el fondo de los ríos. Entonces, estos
dinosaurios deben haber muerto en un río.

Los depredadores acababan con la vida
de muchos dinosaurios cornudos. Este
Velociraptor ataca a un *Protoceratops* con
garras tan filosas como navajas. ¿Quién
ganará la batalla?

Ambos perdieron. Los científicos encontraron
los esqueletos enterrados en arena. Es posible
que una tormenta de arena los haya cubierto
mientras peleaban. Quizá una colina de
arena les cayó encima. Lentamente, los
esqueletos se convirtieron en roca.

Los últimos dinosaurios cornudos desaparecieron
hace 65 millones de años. Los científicos creen
que en esa época un enorme **asteroide** se
estrelló contra la Tierra. Es posible que el
asteroide levantara nubes de polvo. El polvo
pudo haber cambiado el clima, lo que causó
la muerte de plantas y animales.

Es posible que el choque del asteroide haya
sido una causa de la extinción de los
dinosaurios cornudos. Desaparecieron para
siempre, pero dejaron muchos rastros de
cómo vivían. Los fósiles nos han enseñado
cosas sobre estos fascinantes animales que
llamamos dinosaurios cornudos.

GLOSARIO

asteroide: gran masa rocosa que se mueve por el espacio

depredadores: animales que cazan y comen otros animales

fósiles: huesos, huellas o rastros de algo que vivió hace mucho tiempo

herbívoros: animales que comen plantas

manada: grupo de animales que viven, comen y viajan juntos

rostral: pico de hueso

ÍNDICE